Me dentro:

I primi scritti dai 17 ai 20 anni

Vincenzo Berghella

Copyright Page

Copyright year: 2015

ISBN No: 978-0-578-17114-2

From the same author:

- **Obstetric Evidence Based Guidelines.** Informa Healthcare, London, UK, and New York, USA (2007) [English]

- **Maternal Fetal Evidence Based Guidelines.** Informa Healthcare, London, UK, and New York, USA (2007) [English]

- **Laughter, the best medicine. Jokes for everyone.** (2007) [English]

- **Ridere, la migliore medicina. Barzellette per bambini.** (2007) [Italiano]

- **My favorite quotes.** (2009) [English]

- **In medio stat virtus – Citazioni d'autore.** (2009) [Italiano]

- **Quello che di voi vive in me.** (2009) [Italiano]

- **Dall'altra parte dell'oceano.** (2010) [Italiano] [Translated in: **On the other side of the ocean.** (2013) [English]

- **Preterm Birth: Prevention and Management.** Wiley-Blackwell. Oxford, United Kingdom. (2010) [English]

- **From father to son.** (2010) [English]

- **Sollazzi.** (2010) [Italiano]

- **The land of religions.** (2011) [English] [Translated in: **La terra delle religioni.** (2013) [Italiano]

- **Giramondo.** (2011) [Italiano]

- **Obstetric Evidence Based Guidelines.** Informa Healthcare, London, UK, and New York, USA (2012; Second Edition) [English]

- **Maternal Fetal Evidence Based Guidelines.** Informa Healthcare, London, UK, and New York, USA (2012; Second Edition) [English]

- **Trip to London.** (2012) [English]

- **Il primo amore non si scorda mai**. (2012) [Italiano]

- **Maldives.** (2013) [English]

- **Russia.** (2013) [English]

- **Happiness: the scientific path to achieving wellbeing.** (2014) [English] [Translated in "Felicita': il percorso scientifico per raggiungere il benessere"]

- **New Zealand: 100% pure.** (2014) [English]

- **Me dentro: alla ricerca dell'amore.** (2015) [Italiano]

'Quante cose penso stanotte!
Ne penso tante che per dirtele tutte
dovrei campare millenni'

Oriana Fallaci, in 'Insciallah'

Introduzione

Ho scritto queste pagine dai 17 ai 20 anni, in eta' giovanile, come un diario.

E' ora di renderle pubbliche, per i miei figli, nipoti, amici, e i curiosi che vorranno farsi due risate, o magari riflettere, sulle mie elucrubrazioni di tanti anni fa.

Ho talmente rimuginato su queste pagine da dargli in vari momenti tanti possibili titoli:

- Caro Andrea
  - *dal nome che immaginavo dare a mio figlio, se mai lo avessi avuto – ho sempre pensato di dedicare tutto ai figli*
- La storia di un uomo
- I miei pensieri
- La difficolta' di vivere
- Chi sono
- I miei amori
  - *mi sono accorto che dopo i 20 anni sul diario ho parlato soprattutto di donne, di amori, e quindi delle pagine di diario da 'piu' grande' ne ho fatto un secondo libro: 'Me dentro: Alla ricerca dell'amore'*
- La ricerca di me stesso, ovvero di un compagno, di una compagna
- La mia famiglia
- Pagine di diario
- I momenti in cui scrivo
- Come sono quando scrivo
- Che vita!
- La vita e' una cosa meravigliosa
- Il viaggio di un uomo
- Tutto me
- L'altro me

- Me dentro
- Tutto e il suo contrario
- Chi se lo meritera' capira'
- Quando penso cosi'
- Vicino a me stesso
- L'uomo senza memoria
- A viso aperto
- Senza segreti
- Onestamente
- A me stesso
- Quello che ho veramente scritto
- Per quello che ci ho capito (della vita)
- Sin da piccolo felice di se stesso e delle sue trovate
- Non si muore finche' si e' ricordati
- Ispirato dall'amore
- To look a foul is the secret of a wise man ('Sembrare un folle e' il segreto dell'uomo saggio') – detto di Edgar Allen Poe
- Quello che mi ricordo
- Per Andrea
- Bisogno dell'anima

PREFAZIONE

Quello che stai per leggere e' una raccolta di pensieri, impressioni, sensazioni, e albori dei primi amori della mia vita. Rileggendoli anche io stento a volte a riconoscermi in alcune di queste righe. Senz'altro sono molto piu' felice e spensierato di quello che queste pagine possano far intendere.

Quando sono felice e spensierato di solito non scrivo. Non sento il bisogno di scrivere. Sono talmente, maniacalmente contento il 99% della mia vita che cerco di comunicare questo 'niagara' di ottimismo al mio prossimo, e sono stato sempre fortunato ad avere meravigliose persone vicine a cui 'dare' questo mare di vitalita', 'inondandoli.' Queste persone portano dentro di loro, spero, tante parti del Vincenzo piu' vero, quello scherzoso e sempre col sorriso.

Invece queste pagine sono state scritte, per la maggior parte, in momenti della vita particolari. I sentimenti, le affermazioni scritte sono strettamente legate ad un momento e a circostanze molto specifiche. Quand'ero solo. Quando non potevo comunicare le mie sensazioni ad una persona amica, amata. Quando mi lasciavo con una ragazza, o dovevo prendere decisioni importanti. Quando sono quasi 'troppo' serio.

Il Vincenzo allegrone di solito non scrive, gioca e da' se stesso agli altri (i suoi cari) piu' che alla carta, allo scrivere. Per questo di solito nei momenti felici e sereni scrivo poco, di meno. L'amore per la mia donna, la mamma, papa', sorella, fratello, figli sono solo in piccola parte in queste righe, perche' cosi' forti che mi e' stato difficile metterli giu' sulla carta. Tante volte mi sono portato dietro registratori, carta e penna, computer, nel tentativo di scriverli giu'. Ma ero in bicicletta, o a letto al buio, o in macchina, o in barca al largo, e non ce l'ho fatta. A volte (anzi spesso) ci ho anche pianto di gioia a pensarvi.

Poni attenzioni alle date - io sono nato nel 1964: tante sensazioni e concetti, tante elucubrazioni possono essere compresi solo se calcoli la mia eta' quando scrivevo, e consideri che ero 17enne quando ho iniziato a scrivere per ricordare. E considera che ero solo quando scrivevo, e quando si e' soli ci si puo' sentire insignificanti, ma anche fortissimi e invincibili.

Forse anche dovuto a questa eta' anagrafica giovane ed 'eroica', piena di fervore da 'superuomo', posso a volte risultare egoista e presuntuoso. Scrivendo a me stesso, per 'capirmi', molte espressioni sono forti apposta, col fine di spronarmi e farmi coraggio e tirarmi su, nei momenti a volte piu' difficili della vita, perche' la vita, piena di decisioni ad ogni angolo, e' difficile, senz'altro impegnativa. Ho avuto a volte bisogno di farmi del self-encouragment.

Ho diviso *Me dentro* in due libri. Visto che dopo i 20 anni sul diario ho parlato soprattutto di donne, e di amori, ho titolato questo primo libro: *Me dentro: I primi scritti dai 17 e 20 anni*. Le pagine di diario da 'piu' grande' sono diventate un secondo libro: *Me dentro: Alla ricerca dell'amore*.

Il testo in *corsivo* rappresenta i miei pensieri personali, sono le pagine di diario scritte dai 17 ai 20 anni. Il testo non in corsivo e' anche di quell'epoca, scritto da me ma rappresenta fatti accaduti in quegli anni dal 1981 al 1985, alcuni detti, e qualunque altra cosa scrivevo sul mio diario di scuola al liceo a Pescara, o appena andato negli USA nel 1984.

Il primo capitolo, Bisogno dell'anima, l'ho scritto quando ero un po' piu' grande, a spiegazione del resto. Considerate che alcune cose sono errate; per esempio, dico che non ho scritto 'la mia storia', mentre invece nel 2007 ho pubblicato un libro autobiografico chiamato *Dall'altra parte dell'oceano*, e dopo di quello tanti altri libri...

Ho messo in questo libro tante citazioni - alcune non so piu' neanche da dove le ho copiate, o da chi le ho sentite - , un po' alla rinfusa: ringrazio gli autori di queste verita' scritte, molti dei quali non ricordo piu'. Mi hanno aiutato a vivere e a comprendere la vita.

Scusa il misto di italiano e inglese: fa parte di me, e quindi di questa realta' nera sul bianco. E perdona la grammatica; gli errori sono voluti, la punteggiatura e' personale, aiuta a capire. E rammenta: queste parole sono state scritte da un ragazzo, solo, quando era buio, o pioveva.

BISOGNO DELL'ANIMA: la mia storia
(circa 1990-94)

Ore 4 del mattino. Dio mi ha appena chiamato al telefono. Sono in ospedale (New York Infirmary Beekman Downtown Hospital, a Manhattan, New York), e in effetti a chiamarmi al telefono e' stata una paziente, che voleva informazioni sul suo aborto spontaneo. Si rifiuta di venire in ospedale. Ripeto. Sono le 4 del mattino.

Comunque. Sono due o tre ore che mi rivolto nel letto senza riuscire a dormire. Voglio iniziare a raccontarvi la storia del mio caro/migliore amico, Vincenzo. Non e' una storia lunga, ma e' per me molto affascinante. Dalla storia di ogni uomo si puo' imparare qualcosa. Vedete, Vincenzo non e' mai riuscito a scrivere la sua cavalcata esistenziale, ma ci ha sempre pensato. Vorrebbe lasciare il suo racconto specialmente ai suoi figli, e poi ai figli dei figli, ai pronipoti. Questo e' il suo ragionamento: non e' facile a volte vivere. Molte sono le decisioni da prendere, e a volte piu' d'una sembra quella giusta. Ci si guarda intorno, e sembra invece che ognuno, nel suo piccolo, abbia grattacapi quotidiani ma mai grandi crisi. Pochi te le dicono, ma tu, anche quelle poche, non le fai mai tue.

Vincenzo vuole lasciare i suoi ricordi scritti. Cosi' che aiutino molte persone, e queste persone possano leggere, sentire dentro le difficolta' delle scelte. E se sono sangue del suo sangue, se lo hanno conosciuto, se gli sono vicini, questi lettori impareranno ancora di piu'. Lui (Vincenzo) pensa che la vita sia un grande pezzo di argilla che puoi modellare a tuo piacimento. Sta a te, al tuo senso artistico, farne una cosa bella, oppure qualcosa di astratto, incomprensibile. Conosco gente che ne ha fatto un pianoforte. C'e' chi ne ha fatto un bisturi. La maggior parte ne ha fatto una casa, con famiglia, moglie figli macchina ecc., e ogni cosa, se vi ha fatto attenzione, ha potuto farla a suo piacimento.

Bhe', aspetta un momento.

Vincenzo, avrai capito, e' un sognatore, lo e' sempre stato, ma sa che non tutti hanno ricevuto la stessa argilla. Anzi, sa che certi ne hanno ricevuta tanta, ma tanta, e certi invece solo abbastanza per farne castelli di sabbia (in riva al mare o tra le nuvole).

Ma ritorniamo a Vincenzo, teniamoci in tema. Lui crede di aver ricevuto tanta, tanta buona argilla. Vedi, prima di tutto si crede bello. Ehi, tu gia' ridi. Vuol dire che lo conosci. Sai, Vincenzo e' un tipo che si guarda in giro. Si paragona agli altri.

Ve lo descrivo. E' alto piu' di sei piedi, meno di due metri, s'intende, ma insomma sopra la media. A scuola e' quasi sempre stato il piu' alto. Alle elementari, si', il piu' alto. Alle medie, bhe', c'era Luca piu' alto, ma alla terza media lui l'ha superato. Al liceo, il piu' alto, si' il piu' alto.

Sai, Vincenzo e' italiano, ed e' molto legato alla sua cultura. C'e' un proverbio delle sue parti che dice: "l'altezza e' meta' bellezza". E lui ci ha sempre creduto. Ti diro' di piu'. Lui non disprezza gente piu' bassa, sa che c'e' tanta bellezza sotto il metro e ottanta. Ma e' attratto dalle donne alte.

Vincenzo poi e' un tipo espressivo. Intendo il viso e' espressivo. Sulla carnagione scura, olivastra, si muovono due occhi buoni, castano chiari c'e' scritto sul passaporto. Le iridi sono tonde tonde, dolci, quasi vellutate. Attorno a questi occhi, anzi sopra, un'unica sopracciglia - o almeno cosi' dicono gli amici piu' cari, quelli che scherzano con lui. Si, ha delle sopracciglia folte, nere nere, devo ammetterlo, e, malgrado si rarefacciano al centro, queste sopracciglie lisce sono unite, si danno la mano.

La fronte. La fronte e' alta direi, corrugata a volte, ed e' ancora cosi' giovane. Pensare che lui ne va fiero, ed ogni segno di eta', magari un capello bianco (c'ha anche quello), lo fanno sentire piu' adulto, piu' sicuro. I capelli neri ritti e ricci di costituzione vengono piegati all'indietro, per quel che si puo'. Se lo vedrai mai, ti accorgerai che son sempre dritti sulla capoccia, lisci e pettinati ai lati, tirati un po' indietro ma arruffolati davanti. Forse nei suoi capelli c'e' gia' il suo carattere, cosi' multiforme e variegato. Ah, dimenticavo, hai ragione Tonino: sta perdendo i capelli. Davanti, quando si piega o e' seduto e puoi guardar bene sulla testa dall'alto in basso, questi fieri capelli neri si vanno rarefacendo, e stanno per formare una piazza. Per ora pero', immagina solo, o lettore, che un prato prima fatto all'inglese sta diventando pian piano un praticello piu' misero, con poca erba diradata, come c'e' a volte in montagna.

Scendiamo dalla montagna. Ah, ecco il naso. Un bel nasone direi. Non misero, magari un po' grandino, no, no, dice lei, giusto. Lui che se lo e' certo guardato piu' di chiunque altro, ammetterebbe che ha dei peli neri sulla punta, questo naso, e due grandi narici ai lati. Ci e' nato, con queste narici non piccole, ma a volte si domanda - eh, se non mi mettessi le dita nel naso - di nascosto – ogni tanto, forse sarebbero piu' piccole queste narici. Eh, che dici, che schifo, le dita nel naso... Sono daccordo. Ma Vincenzo non lo sa nessuno che si mette le dita nel naso. Per lui e' l'unico, o uno dei pochi, passatempi viziosi: magari e' sulla tazza a pensare, e lo aiuta a pensare adoperarsi con l'indice a cercare kakkole sempre presenti, raffreddore o no.

Torniamo alla poesia. Le labbra, direbbe lui, le sue gli sono importanti per baciare. Gli hanno detto che sono morbide, non carnose ma giuste. Qualcuna disse che son belle, ben definite, dipinte. Il resto del corpo e' longilineo, scuro, ora nudo lo noti peloso, ma vestito e' ben fatto spalle larghe, mani leggere lunghe affusolate, braccia medie direi, niente di particolare, senza gran muscoli, petto ampio, pancia a volte passabile a volte proprio pancia, poi belle gambe dice la piccoletta, Mimi cioe', 'proprio belle gambe per un uomo', con delle rotondezze simmetriche in su di dietro altrettanto ben volute, se non fosse per qualche brufolo qua e la' e perche', lo sai, pelosine anche esse.

Nacque a Teramo, una cittadina di 40,000 abitanti, vicino alle montagne, mentre fuori nevicava. Erano circa le 10 o le 11 di mattina, la sua carissima mamma aveva avuto le doglie tutta la notte, e finalmente il primogenito era arrivato. Circa tre chili, per essere precisi 2 chili e 9, aveva detto mammola, molti dei quali testa, visto il grosso, enorme tumore da parto che lo distinguera' gia' da tutti gli altri.

Gia' incominciava a conoscere il mondo. Dopo nove mesi di splendida tranquillita', servizio completo, tutti i confort, e ti diro', tutta pacchia dentro il ventre materno, gia' conosceva sua madre. Appena uscito, lei gia' piangeva - no, non di dolore, ma di felicita', di amore. Bello o brutto, bravo o cattivo, delinquente o santo, la signora Concetta, detta Tita, madre di Vincenzo, aveva deciso fin da piccola di amare da pazza il suo primogenito, cioe', volevo dire, i suoi figli. Poi questo era tutto nero, come lei, un vero discendente di gente del sud, come la madre, e lei se lo sentiva ancora piu' vicino.

Il padre invece, era in corridoio a fumare, mentre usciva fuori Vincenzo. Erano nove mesi che fumava, e ora fumava ancora di piu', nervoso, conscio di tutte le complicanze di un travaglio di parto. Il dottor Andrea, il padre di Vincenzo, faceva e fa ancora l'ostetrico-ginecologo. Venuto fuori il pargolino, all'istante se ne vergogno': era cosi' deforme con quella testa cosi' a cono, cosi' scuro, "no, non e' un bel bambino", si disse. Forse ancora ora si domanda come quel cosino cosi' piccolo sia diventato, grazie anche a lui, un giovane cosi' prestante. Si meraviglia quando, passeggiando insieme a lui sul Corso di Pescara, le giovani ragazze guardano Vincenzo, e non lui.

Sin dall'inizio ha preteso molto dal figlio, ma non si e' mai aspettato niente. Mi spiego. Ha sempre cercato di insegnargli tutto quello che egli sa di meglio e di piu' giusto, di morale e di cultura. Lo ha sempre spronato ad esprimersi bene e a tenere le spalle dritte. Si arrabbia se Vincenzo, ora che e' grande, non si mette la lozione per far crescere i capelli radi o non si veste in modo elegante, senza jeans. Poi pero', a vederlo con la testa dritta, *pancia dentro petto in fuori, pettinato, guardato e ammirato da molti, lui... ecco, rimane sempre sorpreso. Come, suo figlio... ah, davvero, e' bravo.... si', e' vero, che padre fortunato che sono...*

La madre Tita, no, lei ha sempre creduto che suo figlio fosse il migliore del mondo. Lei vede solo i suoi pregi, e se ha difetti, bhe', sono pregi, le ricordano magari suo padre... Il fatto e' che, gia' da piccolo, Vincenzo sembra comportarsi come la mamma pensa lei stessa si sia comportata da piccola.

Vincenzo e' un bambino modello: silenzioso, ubbidiente, mai una marachella. La sua infanzia e' caratterizzata da ore e ore di giocate a soldatini, passate in camera sua da solo, piene di "pcsssss" e fucilate dall'alto di una sedia, mentre la mamma, in cucina, non sentiva niente, ovvero lo sentiva assorto nel suo mondo.

A mangiare, ha sempre mangiato, mai problemi. Anzi, gia' a due-tre mesi si cominciava a lamentare che il latte materno non gli bastava piu'. Niente di anormale, ma grande sorpresa - la mamma e' in cinta di una sorellina, Anna, che uscira' paffuta paffuta l'inverno successivo a quello natio di Vincenzo.

Vincenzo racconta e ricorda poco di questo periodo. Certo sa che era felice, e che la presenza della sorellina non lo disturbo' mai. Lui si era sempre sentito amato, importante almeno agli occhi dei genitori. La sorellina era carina, tutta sempre vestita di rosa chiaro, con nastrini e merletti.

Vincenzo comunque restava volentieri anche da solo, nel suo mondo ovattato, sin da piccolo felice di se stesso e delle sue trovate. Ore e ore a ritagliare cartoncini, a farne bandierine coi nomi di ciclisti da mettere in tappi di bottiglia, per organizzare lunghi giri d'Italia intorno al tappeto grande della sua camera. Oppure interminabili partite a Subbuteo, il calcio in miniatura, con tornei che duravano intere stagioni.

Alla sorella tutto questo non poteva interessare, chiaramente. Vincenzo le voleva bene, certo, e lei a lui. Anna era incuriosita da questo tipo. Lei era nata vero peperino. Curiosa, intelligente, moderna, si domandava come un bambino piu' grande potesse essere cosi' interessato a soldatini e giochini vari. E come potesse giocare ore ed ore da solo. E quindi lei, a volte, amava avvicinarsi a lui e disturbarlo, distrarlo. Ma c'erano anche tanti momenti in cui si poteva stare insieme spensieratamente.

Per esempio andando sotto il letto, e fingersi in una grotta. Anna, piu' pratica, portava una candela, cosi' che sotto la grotta ci si vedesse meglio, e si potesse esplorare - erano ambedue curiosi, con tanta fantasia. Fu probabilmente Vincenzo pero' che non si accorse di aver spostato, accostato la candela al lato della grotta, cioe' proprio sotto il lembo della coperta. Fu cosi' che la caverna - il letto - prese fuoco, e mamma Tita per poco non moriva di paura. Tutto a posto i bambini tutto bene, ma c'e' ancora quel sovracoperta con un lato mancante a ricordare a tutti quel pomeriggio di spensierati giochi dei cari 'giudiziosi' Anna e Vincenzo.

Vincenzo: il piu' grande, il piu' posato? Non direi; lui non ha mai considerato la sorellina come sorellina, cioe' piu' piccola. Anzi, l'ha sempre considerata coetanea, matura, in tante cose capace piu' di lui, per niente una a cui bisogna badare.

Che tempi, i primi anni di vita. I primi anni di vita si ricordano soprattutto guardando le foto. Vincenzo aveva una testa grande, ora un po' piu' ovale che a cono, spesso calvo calvo (la mamma gli faceva rasare la testa) e scuro, e veniva coccolato da tutti, soprattutto la mamma e il nonno. Il nonno sara' per lui figura importante: un nonno che amava tanto i bambini, soprattutto piccoli, e meno i nipoti grandi, che voleva lavoratori e determinati come era stato lui, da grande.

L'infanzia. Momento determinante, e nuova figura presto in gioco e' Emilia, 14enne col viso pulito, gli occhi verdi e vispi, e la coda. Vincenzo ha tre mesi quando questa ragazzina arriva a casa Van der Bergh (nome originale dei Berghella, scesi, si dice, dall'Olanda molte generazioni fa). Restera' con lui circa 20 anni,

24 ore su 24, testimone di ogni pannolino bagnato, pipi' a letto, raffreddore, orecchioni, varicella, ecc.

Forse il primo vero ricordo da bambino e' l'immagine, nitida come fosse ora, di una culla appena dentro la porta di casa nostra a via Crucioli 22, a Teramo, quando avevo 5 anni. In piedi mia madre, ora capisco che era appena tornata dall'ospedale. Hai suoi piedi la culla, con dentro mio fratello Michele, nato appunto 5 anni dopo di me, nel 1969. Un grandissimo amore della mia vita, solo a pensarlo mi viene da piangere.

Io e Michele, o Bubetto come era soprannominato, siamo stati sempre in camera da letto insieme, e ci siamo adorati. Giocavamo a pallone in camera per ore. A Subbuteo. A calcio con Marco e Fabio nel cortile quando ci siamo trasferiti a Pescara nel 1974. Quando papa' tornava dopo giorni e giorni di guardia, correvano come ossessi a scendere le scale velocissimamente per abbracciarlo.

Dal settembre 1978 a giugno 1983 ho frequentato il Liceo Classico 'Gabriele D'Annunzio,' sezione F, a Pescara. Ecco alcuni appunti, molti dai diari di scuola, di quegli anni da teenager.

1979
(inizio appunti diario) – 15 anni
Dal libro di mio padre, 'Dieta punti con il sesso':

ATTIVITA'   CALORIE BRUCIATE
16 minuti di capriole facendo il solletico al partner
                                                 9 lecca-lecca

7 minuti di sesso auricolare (con le orecchie)   6 baci perugina
                                                 (senza la stagnola)

L'uomo sopra, la donna sotto (faccia a faccia)   20
    "   "   "   "   " (schiena a schiena) 749

Orgasmi multipli nell'uomo
    2   21
    3   39
    4 (leggero ronzio nelle orecchie)   57
    12 (il soggetto e' entrato in coma, non e' possibile fare stime)

12 settembre 1979
Mi metto lenti a contatto, ho solo 15 anni, mi sento un figo – niente piu' occhialoni spessi da secchione.

Leggo tanti e tanti libri.

Base di tutte le teorie einsteiniane:
        'Lo spazio dice alla materia dove deve andare,
        la materia allo spazio come deve curvarsi'.

Le medie, il ginnasio/liceo: anni in cui imparo che non amo il tempo perso. Odio far nulla. Impazzisco quasi. Devo sempre cercarmi qualcosa da fare. Il pomeriggio di solito faccio prima i compiti, poi gioco a pallone con gli amici, o a tennis con Tonino, o altri, o altre attivita' tipo nuoto, pallanuoto, lezioni d'inglese. Ma se finisco tutto prima di cena, e ci rimangono una due ore, e non ho altro da fare, mi sento depresso, perche' non sopporto non essere impegnato in qualcosa di produttivo o divertente. Una grande scoperta di com'e' la mia personalita'.

1981
20 maggio
Mi metto insieme a Stefania Della Penna, una bella ragazza bionda
e occhi azzurri della Prima C, mentre io faccio la Terza F, dello
stesso liceo classico, il Gabriele D'Annunzio di Pescara. Scrivero'
dettagli dei miei amori in un altro libro, *Me dentro: Alla ricerca
dell'amore*. Rimango molto felicemente con Stefly, baciandoci
tantissimo, fino al 5 agosto 1982, poi 'revival' con lei anche
nell'inverno verso fine 1982. Bellissima esperienza, bravissima
ragazza.

Pescara, 15-11-81 - domenica. ore 14.26.
*Alle 2 di una domenica, tutto ci si aspetterebbe fuorche' che un
diciasettenne smettesse di vedere la televisione (telly per gli
amici), lasciasse i suoi e si rintanasse tra le quattro mura del suo
studio. Poi chiudesse la luce priciale, accendesse la piccola
lampada che si puo' permettere (visto che la sorella e' restia a
dargli la sua), chiudesse le serrande e iniziasse a scrivere un
nuovo diario, piu' che diario a stendere le proprie riflessioni su
carta invece che lasciarle nel fondo della sua mente speciale, a
ritmo di radio e soprattutto del vento che percuote le serrande e i
vetri della finestra, come un papa' selvaggio e stupido fa col
figlioletto innocente.*

*Ma io sono Vincenzo Berghella, non sono una persona
normale, nella regola, e se questo da una parte mi fa piacere
dall'altra mi tormenta. Fino a poco tempo fa, dopo i pazzi pensieri
mattutini (scusa Stefania scusa), ero felice.*
Felice di aver fatto felice.

*Avevo avuto la forza (semel in vita?) di raccogliere il mio
coraggio e uscire al 'freddo e al gelo' per comprare le paste alla
mia famiglia. E il cercarle di qui e di la', senza arrestarmi alla
prima difficolta' mi ha commosso, mi ha fatto sentire qualcuno,
almeno per l'iniezione di serenita' e l'esempio di altruismo (ma
sara' vero?) offerto ai miei.*
La mia famiglia.

Forse sono un insoddisfatto, un incontentabile, ma trovo a volte che nella mia famiglia spesso la mia coccia pazza non possa esprimersi completamente. (Pausa meditativa). Con Stefania invece stamattina ho trovato che c'e' qualcuno che mi puo' capire. Non rimprovero niente ai miei, ma trovo mio padre lontano dai miei problemi [n.r. e' sempre avanti a me di 31 anni, e non riesco a raggiungerlo, o e' lui che non si fa raggiungere?] (e a volte lo comprendo) e mia madre a volte incapace, malgrado la sua buona volonta', di darmi la chiave dei miei problemi. Forse sono prevenuto. Mia sorella poi e' un mondo a parte, per ora troppo contorto per comprenderlo bene. Ma sono convinto che il suo principe azzurro le risolvera' tanti problemi, e spero - credo - che la aprira' alla vita, alla spensieratezza, all'altruismo, all'amore.

Perche' tanta gente chiude le sue porte all' AMORE? Non ce l'ho con coloro che non credono a Dio e a cio' che Gesu' ha detto, ma con coloro che non credono all'amore si'.
Io voglio vivere per l'amore.
E forse, come l'uomo gorgiano, per restare nell'ειϰειϛ, voglio morire per amore. Per amore. Per amore di qualcosa, non importa quale. Uomo-Donna-Ideale-Genitore, non m'importa.

1982

13 febbraio

Compio 18 anni, e i miei compagni di liceo mi dedicano la seguente canzone:

Ti guardo Vincenzo
e m'illumino d'immenso
La stanza rifulge
e i cuori stravolgi
E che bello che bruno
non ti batte nessuno
18 ne fai
e cento ne pensi
E che grande, che noto
quando vai con la moto
Ora qui stiamo
e qui rimaniamo
Per festeggiarti
e per allietarti
Ma il vero bene,
sapete qual'e'?
Che nel consesso
(in questo raduno)
Mangiamo noi tutto
e Vincenzo e' digiuno

Decantata alla grande festa per il mio compleanno all'Hotel Esplanade, a Pescara; circa 150 presenti.

Nella pagina celebrante il 18^0 compleanno:
Amo la vita, forse troppo me stesso:
Spero di imparare anche ad amare voi,
amici noti e unknown, quando vi presenterete
sulla mia strada come mio prossimo

Spesso inserisco frasi che mi piacciono, frasi che mi colpiscono, nel diario:
...per bere la turgida' volutta' della vita
dalla spumeggiante coppa dell'infinito

12 marzo 1982
Vengo riformato, per grave miopia – mi mancano gia' 7 diottrie. Questo mi cambia la vita, perche', come scopriro' in seguito, sono libero dopo il liceo di fare quello che voglio del mio futuro.

28 marzo 1982 circa
Gita scolastica al Vittoriale, sul Lago di Garda - Sirmione, Ravenna, e Ferrara.

5 febbraio 1982
Mon Ami (Chi? Stefly?)

Voglio fare quindici bambini
        e passare la vita a lavare pannolini

10 maggio 1982
Esame patente guida

23 maggio 1982
Oùtina με kalesan (Greek) [Mi chiamo Nessuno]

5 agosto 1982 13:30
Scapolo – fine Stefly

Estate 1982
Viaggio in Francia. Imparo un po' di francese andando a lezione per un 6 settimane all'Alliance Francaise. Bel viaggio con mia sorella Anna.

Ho un flirt con una ragazza veneta. Mentre la bacio e la tocco in una bella piazzetta parigina di fronte ad una chiesa, mi dice: "Guarda che le tette me le puoi toccare anche da sotto la maglietta." Non ha reggiseno. Wow.

16 ottobre 1982
Valentina [ndr non ricordo chi e'...] mon amour

Pro bono malum

29 ottobre 1982
Allenamento di Football Americano con i Pescara Crabs. Gioco wide receiver, per poco durante un allenamento non mi massacro quando vengo placcato dopo una recezione fantastica, e 'atterro' con la testa a pochi centimetri da una panchina di ferro.

....ch'altri che me non ho di cui mi lagne
    F Petrarca

Ogni possibilita' presuppone qualche cosa di reale,
in cui e da cui e' dato ogni pensabile e...
    Kant

3 marzo 1983
ore 21.29 Pasqua
Ero inspiratissimo per scrivere alcune pagine molto serie e pensose su questo diario: ma ho acceso la radio e la musica mi ha ridato buon umore, voglia vera di vivere, una spinta di ossigeno al mio cuore che stasera e' un po' arrabbiato. Come cambio facilmente? O no? La musica ha un grande influsso su di me... dopo due anni, vorrei scrivere parole bellissime su come sono

diventato, su come vorrei diventare, sul fatto che vorrei soprattutto 'essere', ma la musica porta la mente e bei ricordi, ad addormentarsi sulle note....

Sono indaffaratissimo per organizzare il lunedi' dell'angelo, ma non so, sono cosi' odioso, solitudinario e malinconico, che mi ci vorrebbe davvero uno stuolo di bionde x tirarmi su. Sto scoprendo il mio carattere, il voler essere solitudinario, ma in due, sempre in due, a casa con la moglie, fuori con questo o quel buon amico (tanto sono pochi): quando sono compagnone non sono proprio io.

Ως χαρίεν εστ' άνθρωπος αν άνθρωπος ή (Greek)
[Che essere straordinario è l'uomo, quando è uomo]
        Menandro

...non sa adattarsi alla realta' e agli uomini che ha intorno e che gli paiono troppo meschini, ma non sa nemmeno appagarsi delle sue fantasie e di se', sicche' la sua vita e' un susseguirsi continuo di sforzi per uscire da se' e stabilire contatti con gli altri, per poi sentirsi sconfitto e ritrarsi in se stesso, ferito e dolente.

Cogito, ego sum
(Mangio, deinde caco – versione di Antonello)

Una delle mie poesie preferite:
    Il proprio ritratto, Ugo Foscolo, 1802
Solcata ho fronte, occhi incavati intenti;
crin fulvo, emunte guance, ardito aspetto;
labbro tumido, acceso, e tersi denti.
Capo chino, bel collo, irsuto petto:
giuste membra; vestir semplice eletto;
ratti i passi, il pensier, gli atti, gli accenti:
sobrio, umano, leal, prodigo, schietto;
avverso al mondo, avversi a me gli eventi.
Talor di lingua e spesso di man prode;

mesto i piu' giorni e solo; ognor pensoso;
pronto, iracondo, inquieto, tenace.
Di vizi ricco e di virtu' do lode
alla ragion, ma corro ove al cor piace:
morte sol mi dara' fama e riposo.

Negli anni, ho collezionato tantissimi soprannomi da parte di amici
e ragazze. Molti hanno grande significato per me, e meravigliosi
ricordi di tante persone che mi hanno voluto bene. Eccone alcuni:

Vinny
Cioccolato
Yannick
Sterling
America(no)
Billy
Passerotto
Passione
S.A.R.
Vivi
Vi
Nerone
Willis
Woodstock
Otello
O Vi
Ahoo!
Niger-Negro
Vince
Kunta
E.T.
Julio
Il pescarese
'Sano' di Pescara
Minnelli
Gamblong

Cavallo
Garrincha
Saint
Francesco
Ciocly
Bel Fallone
Watusso
Giamaica
Amedeo
Spooger
Bambino
Porcellino
'Tuch'
'Nuch' ('Nuccio)
Soffio di gioventu'
Baby boy
Vinny babarino
Wookie
Bretellone
Grasso (negro)
Micio
Chief
Amore
Happy kicks
Reinassance Man
Balu
Pulci
Ammore
Berghi

Non ricordo piu' bene chi me li ha dati. Tra l'altro si confondono tra l'italiano e l'inglese, tra i ricordi tricolori e quelli a stelle e strisce. I primi e i piu' numerosi sono tutti di origine Pescarese, e mi sono stati affibbiati per lo piu' in periodo adolescenziale, quando si ha piu' fantasia.

'Vinny' me lo avevano affibbiato penso gia' in Italia, e mi piace di piu' detto nello stivale, che negli USA, dove sa piu' di italo-americano.

Moltissimi dei miei soprannomi si rifanno come vedete al fatto che sono di carnagione scura, e divento nero d'estate.

'Cioccolato' me lo hanno dato senz'altro a Pescara, vista la carnagione scura e l'abbronzatura estiva. Credo me lo abbia dato una ragazza, ma probabilmente Stefania. Ciocly e' il diminutivo di Cioccolato, come diceva anche lei.

'Yannick' mi venne dato anche a Pescara, nelle estati da teenager, e si riferisce a Yannich Noah, grande campione di tennis francese, alto, ricci pazzi neri e soprattutto negro anche lui.

'Sterling' e 'Saint' si riferiscono a Sterling Saint Jacques, un attore modello e ballerino negro famoso negli anni 70, con il fisico scolpito di muscoli, e gli occhi celeste chiaro. Bellissimo.

Nerone, Niger, Negro, bhe', non hanno bisogno di spiegazione. Kunta e' Kunta Kinte, lo schiavo africano eroe nero dello sceneggiato 'Radici'. Giamaica perche' sono tutti neri. Chief viene da Robert Parish, il pivot dei Boston Celtic, un fustone nerissimo. Insomma, questi nomignoli vengono tutti dalla mia pella scura. Ne debbo dedurre sia una de miei tratti piu' evidenti.

'America(no)' si riferisce al fatto che, da quando a 19 anni ho incominciato a vivere la maggior parte dell'anno negli USA, a Pescara mi chiamavano 'America' o 'Americano', soprattutto le persone che mi conoscevano di meno e sapevano poco altro di me.

'Billy' e' uno dei miei soprannomi favoriti, e uno dei piu' antichi. Me lo ha dato Anna, mia sorella, gia' quando ero piccolo, direi 10-12 anni. Non so perche' gli e' venuto da chiamarmi Billy, ma mi piace. Ha un suono felice, svelto, quasi un tintinnio di gioia, che spero mi si addice.

'Passerotto' viene dalla canzone 'Passerotto non andare via', ma lo avra' dato sicuramente una ragazza italiana, ma non ricordo piu' quale.

'Passione' forse e' il soprannome a cui sono piu' affezionato, e a cui tengo di piu'. E' un soprannome che mi ha molto aiutato nella vita. Me lo ha dato mia madre, probabilmente quando ero molto piccolo, e lo ha usato sempre, anche ora che ho cinquant'anni, ininterrottamente. C'e poco da commentare su questo, gliene saro' per sempre grato.

'S.A.R.' sta per Sua Altezza Reale, e me lo ha dato Antonio Tabasso, un mio caro compagno di liceo, che mi ha sempre stimato molto.

'Vivi', 'Vi', 'O Vi' sono tutti diminutivi del mio nome, Vincenzo. 'O Vi' lo usa spesso mio padre per chiamarmi da lontano. Significa qualcosa in norvegese, come ci disse una guida a Pompei sentendo mio padre gridare 'O Vi!'

'Sano' di Pescara mi ricorda i tempi dell'Inghilterra a 16-18 anni, quando li' d'estate alcune ragazze bolognesi mi chiamavano, di soppiatto, cosi'; mi sorella scopri' che voleva dire il 'bono' di Pescara. Gamblong, Cavallo, Bel fallone, credo si riferiscano tutti alla mia mole di 1 metro e 89 centimetri. Bretellone me lo appioppavano a Pescara da adolescente.

Al college a Manhattanville uno dei miei soprannomi era Balu, l'orso del Libro della giungla, e li mi ci rivedo moltissimo. I miei compagni di casa durante Medical School (l'universita'), soprattutto Lou e Ernie, mi hanno appioppato Spooger, Vinny Babarino, Wookie (dal film). Invece Beth Gallivan, un'altra amica dell'universita', mi chiamava Happy kicks, perche' diceva che quando camminavo saltellavo di felicita'.

Nel 2001 Dawnette Lewis una delle mie fellows (superspecializzande) mi disse che ero un Reinassance Man, cioe' un uomo del Rinascimento, che in slang americano vuol dire uno scienziato colto e bravo ma che anche si diverte, che non si prende troppo sul serio e sa scherzare e ridere. Gran complimento.

Molti degli altri mi sono stati dati da ragazze, come Bambino e Porcellino – Nancy Cosenza. Tuch e Nuch me li ha affibbiati

Beth Redshaw, che chaiamato Bettuccia, o Nuccia. Gli altri che vedete li tengo piu' segreti.

'Un nome come un'altro
l'importante e' chi lo porta'

23 aprile 1983
Gita scolastica ad Urbino

Luglio 1983
Esame di maturita'
   Ricordo la felicita' il giorno dopo l'orale, a trovare Carla al mare: e' finita!

Meta' agosto-fine settembre 1983
Gita in America, viaggio premio per la maturita'
   Cinque settimane in California e West, e poi una, decisiva, nel North East, che cambiera' la mia vita – leggere il mio primo libro, *Dall'altra parte dell'oceano*, per i dettagli.

16 settembre 1983
A man in LA

13 novembre 1983 pomeriggio di una domenica
Lettera a Vincenzo (?)
Forse questo che scrivero', tutto quello che scrivero', potrebbe sintetizzarsi nel punto interrogativo del testo. Sono oramai giorni che penso e ripenso. Ora ho spento la radio. Stasera vorrei essere spontaneo al massimo. Riflessivo e, x una volta, construttivo come non mai. Mi sara' difficile perche' sono molto distratto, tutto mi distrae, penso di star pensandomi, mi arzigogolo, come faccio sempre, mi butto giu', mi tiro su, mi passano per la mente quelle 4 o 5 bionde o brune che ho conosciuto, e con cui ho scambiato tante emozioni e tanti pensieri, e poi... Mi ritrovo solo. Dio, in cui credo, mi ha fatto uno, non due o tre. E man mano il peso della

presa di coscienza di questo fatto si fa piu' feroce. Mi guardo allo specchio, m'interrogo, poi preferisco passare ad altro, a construire, come dico io; la mia vita finora e' stata una continua ed esaltante COSTRUZIONE DI ME STESSO, forse alla pari, oppure, non so, con la COMPRENSIONE DI ME STESSO.

Stasera non so neanche se sono pessimista, ottimista. Diciamo che sono a meta' strada, vorrei essere obbiettivo. Troppo difficile scrivere. Mi ingarbuglia. Vorrei forse una scheda, un'analisi di me stesso un po' in crisi in questi giorni, ma non tanto ci riesco. Ora vorrei piangere, chissa' perche'.

Ci vuole molto coraggio a essere soli. Eppure sento che ora e' il momento di essere soli, di soffrire x finire le parti + importanti dell'universo VINCENZO BERGHELLA. Per questo, e per mille altre cose, che sento e spero di poter esprimere, non sto + bene con Carla. Volevo scriverti una lettera Carla, ma stasera, proprio no, non ce la faccio. Come sempre, quando mi balena in testa di voler lasciare la mia costoletta mi sento male, mi sento in colpa. Vorrei capissi, bhu', che vorrei che tu capissi? Mi hai conosciuto forse troppo poco. E non ci siamo voluti del bene infinito. Non ti ho mai detto "ti amo". Credo mi sia venuta una gran fifa x questa parola. La diro' a qualcuna solo quando perdero' la testa. Per lei, naturalmente. Perche' spero di perderla, spero, magari un giorno, quando la mia lotta per la vita sara' un po' piu' calma, di innamorarmi pazzamente, di fuggire, il mio cuore e quello della mia vera, unica COSTOLETTA, via, dove solo io e lei sapremo, magari fuori in giardino, magari alle SEYCHELLES, magari in balcone, nel letto, in Cina, Ruanda, Equador, chissa'...

E darmi tutto, tutto a lei, e ricerverla, riceverla tutta, solo x capirla, capirci, capire un po' di piu'. Non capiremo tutto, il punto interrogativo sara' l'unica costante della mia vita, credo. Ma almeno voglio sgranocchiarlo, graffiarlo, spogliarlo, smozzarlo,... questo punto interrogativo. E voglio provare a metterlo dritto, e imparare a vivere con lui, a farne un punto fermo, construttivo e felice della mia vita. Io infatti non ci capisco niente. Non mi

capisco neanch'io. E x questo credo a quel punto interrogativo. Si',
credo a lui.

Poi cerco di credere in me. Ma non sono un dio. Sono solo
una merdaccia. Ma davvero una merdaccia. Vedete, stasera non
riesco neanche a pensare, a scrivere, a essere lineare, coerente,
non contraddittorio. Ma in fondo sono e purtroppo rimarro'
sempre, e forse e' meglio, molto sicuro di me stesso, forte, testardo
nel mio orgoglio,... dio, ti ho chiesto aiuto... che scemo! Tu ci ridi,
io rido dietro di te della mia deficienza. In fondo, per te, e' bello
che io non ci capisca niente. E anch'io rido, perche' credo che un
giorno, chi se lo meritera' capira'. Sarebbe inutile capire tutto,
subito, bene. Magari capiremo dopo, cioe' certo capiremo dopo,
dopo morti. Vorrei capire a volte, quando penso cosi', ecco vorrei
capire cosa capiremo. Ma penso... Cosa c'e' da capire? Perche'?
Perche' tutto questo. Non riesco proprio a cogliere il noccio del
problema. Ecco l'enorme punto senza risposta. Siamo tanti
burattini. E sono burattino anche quando voglio scriverle queste
cose. A che pro? Mai riusciro' a fare un SISTEMA. Cio' che mi fa
un po' piangere e' che molto difficilmente rispondero' un giorno,
da vivo, a queste domande. Ma insomma chi sono, perche' sono,
perche' faccio quello che faccio....

Ecco, non vorrei scrivere per inerzia, come mi sento scrivere
ora. Pierluigi [ndr mio amico di liceo] diceva: Buttare via il
tempo. Io sono un fanatico dell'attivita'. Odio perdere il tempo +
di ogni altra cosa. Ho detto che voglio sempre costruire, costruire,
costruire. Comunque e' inevitabile che ci sembri di "Buttare via il
tempo". Sempre un po' si costruisce, quando meno te lo aspetti.
Forse e' importante non fermarsi. Chissa' poi perche'.

Ah, vorrei inventare un apparecchio x registrare i pensieri.
Sarebbe la cosa + bella del mondo. In questo momento mi
salverebbe dal momento di smarrimento a cui sto andando
incontro, incontrollatamente. Sono giu', tanto giu'. So che con
facilita' mi tiro su, ho mille funi a cui aggrapparmi, anche un
discreto carattere, in questo frangente, su cui contare, ma... Mi fa
male il braccio xche' ho donato il sangue. Il mio sangue per un

altro. Sono in completo incasinamento. Getto la spugna e mi do'
ad altro.

22 gennaio 1984
Qui comincia l'avventura
Arrivo al JFK airport di New York in una giornata freddissima, di
ghiaccio. I Di Paolo mi prendono in aeroporto. Il giorno dopo,
lunedi', inizio a Manhattanville College, Purchase, New York. Non
avrei immaginato la mia avventura sarebbe durata cosi' a lungo.

15 aprile 1984, 1am, venerdi' (anche in *Dall'altra parte dell'oceano e Me
dentro: Alla ricerca dell'amore*)

*Non posso dormire, quindi scrivo, a letto, per la prima volta
da quando sono in America.*

*Come va? Be', piuttosto bene. Stasera sono un po' angry
[arrabbiato] con Marget, ma forse è giusto, oggi è anche
domenica, non dovrei costringerla così tanto, ma non ci posso fare
niente.*

*Se quello tira, non sono tanto in potere di calmarlo, e poi
questo mi sembra proprio il momento di divertirmi un po', visto
che sto scoprendo veramente cos'è, diciamo così, il piacere
sessuale, visto che sto scoprendo me stesso, che ho sempre creduto
in fondo non proprio buono da quel lato, timido emotivo e
sudorante. Forse sto migliorando, divento più self-confident, ne
gioverà spero il mio carattere.*

*Spero sempre comunque di non diventare troppo
materialista, troppo legato alla pussy, ricordo sempre le parole di
Stefania ad ammonirmi. Sorridere, allegria, felicità, serenità sì, è
la mia giovinezza, non mi posso lamentare. Probabilmente
inconsciamente mi accontento, ma davvero credo di avere molto
dalla vita.*

*Cosa mi manca? Sì, c'è sempre qualcosa da raggiungere,
magari vorrei avere Lysa qui vicino a me a carezzarmi mentre
scrivo, o essere già dottore, affermato, doppio studio sui due bordi
dell'oceano, una moglie adorabile e tanti bei bambini. La*

giovinezza può essere difficile. Sembra spensierata, ma quanti problemi, quanti passi, quanti scalini, scale, montagne oltre le quali solo i sogni sembrano essere ammessi. Non facciamo troppo i poetici. Vedi, ecco come sono, un po' istrionico un po' pazzo, un po' tutto, sempre un po' di tutto in me. Contraddittorio, può essere, ma credo ancora che dentro di me ci sia un fondo di coerenza.

Forse vorrei che Marget scendesse, mi vedesse scrivere, si spogliasse, passassimo la notte insieme... eh, non sarebbe male... domani microbiologia, mamma che noccio, quanto devo sempre studiare! Ma so che, col carattere che, grazie Dio grazie, mi ritrovo, non posso farne a meno, mi sentirei frustrato e irrealizzato senza studiare e lottare per una meta, senza niente da fare, senza schiumar lì sangue per quello che vuoi fare di te. Io ho certe idee su quello che voglio fare di me. Dove voglio andare, cosa fare, cosa scegliere, cosa essere, cosa avere e non avere...

Be'... Sono stanco, non ho tanta ispirazione stasera, davvero devo avere 'a lot of fun' al più presto.

Sono felice di aver scelto Marget comunque... con Melissa, non so, era difficile, siamo davvero diversi, e l'ammiro molto, è un altro pianeta per me, ma l'ho esplorato e io e quel pianeta non siamo fatti l'uno per l'altro, anche se c'è tanto di buono in lei, lo sento, mi avrebbe potuto dare tanto e io avrei potuto dare tanto a lei, forse le strade si sono divise troppo presto, ma mi era impossibile proseguire, affogavo nella birra e nel non capire.

Come con Beth, Lysa e Robin, d'altronde. Come sono? Cosa davvero pensano, vogliono? Le europee o asiatiche mi sembra si facciano capire di più, non so le americane, forse sbaglio io, ma penso ci sia qualcosa di diverso, di puerilmente diverso in loro. La vita sfrenata del college forse potrebbe portare le persone un po' a perdersi, sì, lo capisco, è più che normale... la vita può essere davvero facile... soldi in tasca, del papà, macchina, donne, droghe, non molto studio o quasi niente...

Sta piovigginando divinamente, un suono celestiale, è la pioggia con uno dei più bei suoni che mi sia mai capitata. Distensiva, quasi una ninna nanna silenziosa, a tirarti il sonno.

Sono davvero in un buon 'mood', nonostante tutto; in meno di un mese sarò in Italia, a <u>casa</u>, con la mia amatissima famiglia, la mia mamma che mi adora.

Oh quanto mi vuole bene mamma. Ringrazio sempre Dio che me l'ha data. In lei è sempre come tornare bambino, è così dolce che non vorrei mai realmente diventare adulto con lei. Vorrei che fosse sempre un rapporto bambino-mamma. Non vorrei mai poter a volte non pensare alla stessa maniera, o magari trovare qualcosa di vecchio in lei, di troppo religioso, così a volte indifesa e fuori dalla vita lavorativa.

È una magnifica persona, papà ne ha fatto credo una moglie perfetta, e lei c'è stata senza fiatare, è tutta per lui e per noi, tutta una cosa cristiana, bella e pura, mi invidio per quello che ho e ho avuto, e prego che non accada mai nulla ai miei cari, alla mia famiglia, ai miei genitori e mai ai miei meravigliosi fratello e sorella. Troppo in gamba per me, oh che forza che sono. Be', vedo che sono davvero a mille. Quando torno a casa sempre tutto brilla. Grazie.

Buonanotte, sto morendo dal sonno. Marget, che possa non dormire almeno per un po', pensando a me, a cosa abbiamo detto, e deciditi, sarebbe stupendo.

Buonanotte buonanotte,
sweet dreams
Vince

Estate 1984
Summer classes
Nancy Cosenza
'porcellino'

Nondatato (probabilmente **autunno 1984**)
Classifica: (1) Beth
          (2) Nancy
          (3) niente

27 gennaio 1985 domenica

Stasera direi proprio che sono un po' in crisi. Magari sono anche un po' troppo stanco. Mi fischiano le orecchie, magari e' proprio Beth... madonna che imbecille che sono! Non ho idea di quello che sto facendo con lei. So solo che sono molto, bho', forse innamorato, si' direi di si', non so neanche se lei lo sa. Forse e' il fatto che sono un po' in crisi. America America, forse non ce la faccio piu'. E' una bella prova, una super-prova, sento davvero la mancanza dei miei, tanto.

Mi sento un po' solo, forse per la prima volta. E' piu' di quattro mesi che non ho una ragazza vera. Una dell'altro sesso a cui aprirmi tutto, o almeno crederlo. Forse e' per quello che rincorro tanto Beth. Lei mi sembra come l'ultima ancora, l'ultimo appiglio. Oh quanto ho sognato una dichiarazione reciproca, un bacio vero, un corrispondersi coi soli occhi. Chiedo troppo? Utopia... c'e' qualcuno che direbbe che non trovero' mai niente cosi'. Bha', spero di si... davvero ne ho bisogno, tanto, tantissimo.

Penso agli alberi che vedo dalla finestra e che probabilmente Beth vede dalla sua finestra. Bha', non so, son proprio belli. Mi fa piacere che, senza rovinare la loro solitudine, siamo in molti a vederli. Penso a Marget e a ieri sera. Ma il pensiero e' gia' volato via. Fuori fa freddo. Mi impressiona come la neve ormai ghiacciata resti cosi' ora da giorni data la bassa temperatura. Da fiocchi bianchi e soffici a una lastra sporca e 'crounchy'. Purtroppo devo andare a prendere la 'laundry'. See you.

This guy just told me the history of his life! And I had already so many troubles... c'est la vie. Everybody thinking about his own money, a way of living. I hope by ten I'll be sleeping, I'ven't been so tired in a while. When I speak English I can feel I speak by phrases, 'frasi fatte', I would say in Italian. Now I'm thinking to begin to write a book. About what I don't even know. The history of my life; oh, probably it would be so boring.

Nice song coming on. My ears are 'ringing'. Who's there? Overseas 'ringing'? F173 [ndr camera di Beth]? Spealman? Somewhere else in the world? Who knows. I feel like I should call

Beth, but I'm so tired I don't really know I can talk on the phone. My eyes are closing... but I have to wait for my laundry to dry. It has been a long day, I presume...

Ringraziamenti

Luca Luzi

www.ingramcontent.com/pod-product-compliance
Lightning Source LLC
Chambersburg PA
CBHW031531040426
42445CB00009B/485